© 2007
SWR Fernsehen in Baden-Württemberg

Esslinger Verlag J. F. Schreiber
Postfach 100325 | 73703 Esslingen
www.esslinger-verlag.de
ISBN 978-3-480-22381-7

Text und Redaktion: Markus Schmid und Salome Schmid-Widmer • www.textmanufactur.com
Gestaltung: Büro MAGENTA, Freiburg • www.buero-magenta.de
Fotos: Rolf Furrer, Luzern • www.ess-punkt.ch

Wir danken Lukas Kuster und seinem Team vom Restaurant Kaltenherberge in Roggwil sowie
Dorian, Loren und Shayenne für die freundliche Unterstützung beim Probekochen.

Salome Schmid-Widmer · Markus Schmid

vincent und die Kochlöffelbande

Lecker und gesund –
Kochen für Kinder

*Meisterkoch Vincent Klink
verrät wie's geht!*

esslinger

Joshua

ist acht Jahre alt. Er bastelt gerne, spielt Cello und mag Ballett. Zuhause baut Joshua manchmal ein Fernsehstudio nach und bereitet sich auf seine Karriere als Schauspieler vor. Er hat viele Lieblingsgerichte. Dafür mag er keine Schokolade.

Vincent

liebt seinen Garten und seine Bienen, er schreibt gerne Bücher und macht Musik. Vincent schmeckt alles, was mit guten Zutaten gekocht ist. Deshalb legt er großen Wert auf ökologischen Anbau und artgerechte Tierhaltung.

Anna-Maria

ist neun Jahre alt. Sie kann Aikido und liebt Katzen, Hunde und Pferde. Mit ihrer Familie hat sie längere Zeit auf Sri Lanka gelebt und die dortige Kochkultur kennengelernt. Doch ihre Lieblingsspeise ist europäisch: Lachs in Blätterteig.

Auf ins Abenteuer Kochen!

■ Für die Kochlöffelbande gilt: »Wir wollen kochen wie die Profis und keinen Kinderquatsch machen!« Deshalb sind wir mit Ernst und Feuereifer dabei, ohne Spaß und Freude zu vergessen.

Essen schmeckt nur mit guten Zutaten! Wir überlegen also schon beim Einkaufen: Was wächst gerade und ist frisch? Woher kommen Fisch und Fleisch? Und merken, wie sehr Geschmacksverstärker und künstliche Aromen den natürlichen Geschmack verfälschen.

Als echte Profis vergessen wir nie die Gefahren in der Küche. Trotzdem sind unsere Messer sehr scharf. Nur so können wir Fische richtig filetieren, Fleisch schnetzeln und Kräuter hacken. Doch weil wir uns voll auf die Arbeit konzentrieren, geht alles gut.

In der Küche gibt es immer wieder neue Entdeckungen. Vor allem bei Zutaten, die wir nicht kennen. Doch die Kochlöffelbande hat beschlossen: »Das mag ich nicht, gibt es nicht!« Erst wenn wir probiert haben, wissen wir, ob uns etwas nicht schmeckt.

Wir probieren eben alles aus. Und lassen uns nicht entmutigen, wenn ein Rezept nicht auf Anhieb gelingt. Denn wir wissen: Kochen ist ein Abenteuer und Erfahrung macht den Profi!

Euer Vincent

Foto: SWR / Alexander Fischer

Vincent Klink gehört zu den besten Köchen Deutschlands. Mit der Kochlöffelbande kocht er in der SWR-Fernsehsendung »Kaffee oder Tee?«.

Das geht fix

Kochen wie die Profis

Das passt dazu

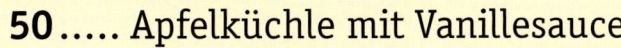

Jetzt gibt's was Süßes

Gut zu wissen

» **Mengenangaben**

EL:	*Esslöffel*
TL:	*Teelöffel*
Msp:	*Messerspitze*
ml:	*Milliliter*
l:	*Liter*
g:	*Gramm*
kg:	*Kilogramm*
Prise:	*eine Fingerspitze voll*

*Wenn nicht anders angegeben,
gelten die Zutaten für 4 Personen*

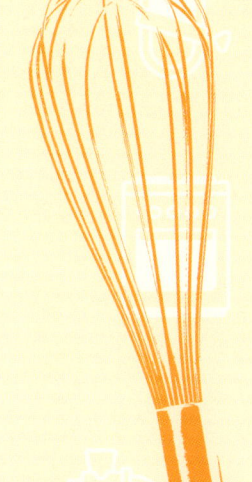

Das bedeuten die Kochlöffel

1 **Kochlöffel:** *leicht zu kochen*

2 **Kochlöffel:** *etwas schwieriger*

3 **Kochlöffel:** *anspruchsvolle Rezepte*

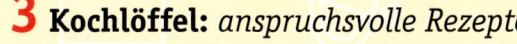

Kartoffelsuppe mit Würstchen

1 Zwiebel
500 g Kartoffeln, mehlig kochend
1 Petersilienwurzel
1 Karotte
2 EL Butterschmalz
ca. 1 l Gemüsebrühe (aus Pulver)
1/2 Bund glatte Petersilie
80 ml Sahne
etwas Salz, Pfeffer
1 Prise Muskat
1 Brötchen oder 2 Scheiben Weißbrot
1 EL Butter
1 Paar Wienerle
evtl. 1/2 Bund Schnittlauch,
fein geschnitten

 Zubereitungszeit: 45 Minuten

Überall wo es Kartoffeln gibt, kochen die Menschen daraus deftige Suppen mit allen möglichen Zutaten, Gewürzen und Kräutern. Die Bauern aßen sie früher als kräftiges Frühstück, um für die anstrengende Arbeit gerüstet zu sein. In den südlichen Regionen Deutschlands gibt es die Kartoffelsuppe an Fastnacht sogar mit süßen Krapfen. Aber keine Angst: Hier gibt es knackige Würstchen dazu!

Diese deftige Suppe ist wirklich leicht zu kochen. Sie ist frisch zubereitet nicht ganz so schnell fertig wie eine Päckchensuppe. Dafür ist sie aber gehaltvoll und voller gesunder Zutaten.

1 Die Zwiebel schälen und fein schneiden. Kartoffeln, Petersilienwurzel und Karotte schälen und grob würfeln. In einem Topf Butterschmalz erhitzen. Die Zwiebel zugeben und andünsten. Die geschnittenen Kartoffeln, Petersilienwurzel und Karotte hinzufügen. Mit Gemüsebrühe aufgießen (einfach Wasser zugeben und Brühepulver unterrühren). Aufkochen und 15 bis 20 Minuten köcheln lassen.

2 Petersilie abspülen, trocken schütteln und grob hacken. Sind die Kartoffeln weich, Petersilie dazugeben und die Suppe mit einem Mixstab fein pürieren. Sahne untermischen, noch einmal aufkochen und mit Salz, Pfeffer und Muskat abschmecken. Wenn die Suppe zu dickflüssig ist, etwas Gemüsebrühe angießen und aufkochen.

3 Das Brötchen in feine Würfel schneiden und in der Pfanne mit 1 EL Butter goldbraun werden lassen. Die Würstchen in Scheiben schneiden und in der heißen Suppe erwärmen.

Es gibt viele Kartoffelsorten, wie Bintje, Sieglinde, Maja oder Hansa. Wichtig ist aber, ob die Kartoffeln mehlig oder festkochend sind. Mehlige eignen sich gut für Kartoffelbrei, Klöße und Eintöpfe, festkochende für Bratkartoffeln und Kartoffelsalat.

fertig

Suppe mit Würstchen und Brotcroutons anrichten. Nach Belieben mit Schnittlauch bestreut servieren.

Hamburger mit Ketchup

1 Schalotte
1/2 Bund glatte Petersilie
3 EL Butterschmalz
300 g Rinderhackfleisch
1 TL scharfer Senf
2 Eigelb
etwas Pfeffer und Salz
4 Brötchen
4 Blätter Kopfsalat
1 Tomate
einige Gurkenscheiben

Zubereitungszeit: 50 Minuten

Ein Hamburger ist ein Rinderhacksteak, das mit Beilagen zwischen zwei Brötchenhälften eingeklemmt wird. Ohne Brötchen und Beilagen heißt das Hacksteak je nach Region Bulette (Berlin), Fleischpflanzerl (Bayern), Fleischküchle (Baden), Frikadelle (Österreich), Köfte (Türkei) oder Köttbullar (Schweden).

Deutsche Auswanderer sollen das belegte Brötchen vor über hundert Jahren erfunden haben. Als sie in Amerika ankamen, hatten sie kein Besteck. Also klemmten sie Fleisch und Gemüse einfach zwischen zwei Brotscheiben. Erst Mitte des vorigen Jahrhunderts wurde der Hamburger durch amerikanische Fastfoodketten in der ganzen Welt berühmt.

Vincent und die Kochlöffelbande

Die Schalotte schälen und fein schneiden. Petersilie abspülen, trocken schütteln und fein hacken. Schalotten in einer Pfanne mit 1 EL Butterschmalz anschwitzen (das heißt bei mäßiger Hitze dünsten). Petersilie untermischen und die Pfanne vom Herd ziehen.

Das Hackfleisch in eine Schüssel geben und scharfen Senf, Eigelb und die Schalotten-Petersilienmischung gut untermischen. Die Masse mit Salz und Pfeffer würzen. Mit den Händen zu kleinen Fladen formen. Die Burger in einer Pfanne mit Butterschmalz von beiden Seiten 3 bis 5 Minuten braten. Mit einer Gabel kannst du testen, ob sie innen fest sind.

fertig

Die Brötchen aufschneiden. Auf die Schnittfläche ein Salatblatt, darauf einen gebratenen Hamburger geben und nach Wunsch mit Tomaten- oder Gurkenscheiben belegen. Mit der anderen Brötchenhälfte abdecken.

Ketchup

100 g brauner Zucker
250 ml Wasser
200 g Tomatenmark
3 EL Balsamico-Essig
Salz und Pfeffer
(1 rote Peperoni)

In einem Topf Zucker und Wasser so lange kochen, bis sich ein zäher Sirup bildet. Abkühlen lassen. In einer Schüssel Tomatenmark mit Balsamico und dem lauwarmen Zuckersirup mischen. Mit Pfeffer, etwas Salz und, wenn es scharf sein soll, gehackter Peperoni würzen.

Gemüse-Tortilla

(für 2 Personen)
3 Kartoffeln
4 EL Olivenöl
1 Karotte
1/2 Kohlrabi
1/2 Fenchelknolle
1 Zwiebel
80 g Erbsen (frisch oder gefroren)
3 Eier
Salz, Pfeffer, Muskat

Zubereitungszeit: 40 Minuten

Tortilla ist das spanische Wort für »kleiner Kuchen«. Die Zubereitung ähnelt sehr dem französischen Omelett, das allerdings nur mit Rührei gemacht wird. Das in Spanien sehr beliebte Gericht dagegen besteht auch aus Kartoffeln.

Wie viele andere einfache Pfannengerichte und Eintöpfe war die Tortilla ursprünglich ein Essen der armen Leute. Vor allem auf dem Land gab es immer Kartoffeln und Eier. Dazu kam in die Pfanne, was noch übrig oder gerade billig zu haben war. In unserem Rezept nehmen wir verschiedene Gemüse. Du kannst aber auch viele andere Zutaten nehmen, wie Zwiebeln, Tomaten, Käse, Wurst, Fisch oder Pilze.

Vincent und die Kochlöffelbande

Die Kartoffeln schälen und in Scheiben schneiden. In einer Pfanne mit Olivenöl etwa zehn Minuten bei mittlerer Hitze mit Deckel braten.

In der Zwischenzeit Karotte und Kohlrabi waschen und schälen. Fenchel putzen und abspülen. Alles in feine Scheiben schneiden. Die Zwiebel schälen und fein hobeln.

Zu den Kartoffeln geben und zugedeckt 5 Minuten braten. Dann die Erbsen untermischen und weitere 5 Minuten braten.

Die Eier verquirlen und mit Salz, Pfeffer und Muskat abschmecken. Über die Kartoffeln gießen und stocken lassen. Dann wenden und auch von der anderen Seite goldbraun braten.

fertig

Die Tortilla wie einen Kuchen aufschneiden. Dazu passt der Kräuterquark-Dip von Seite 29.

Eier verrührst du mit einem Quirl oder einer Gabel. Das Ei am Rand einer Schüssel aufschlagen und beide Hälften auseinanderziehen. Die Masse locker aus dem Handgelenk verquirlen, bis sie leicht schäumt. Eventuell würzen!

Die wichtigsten Kochregeln

Sei immer konzentriert bei der Sache und lasse dich nicht ablenken! Sonst schneidest du dich oder verbrennst dir die Finger.

Messer und Bretter immer sauber halten. Mit einem sauberen Tuch öfter feucht abwischen. Abgewaschene Küchengeräte immer gut trocknen lassen, am besten an der frischen Luft.

Küchenschürze und Kleidung mit langen Ärmeln tragen! Das schützt vor Fettspritzern und Verbrennungen.

In Arbeitspausen aufräumen und abspülen! Sonst findest du mit der Zeit nichts mehr und hast keinen Platz zum Arbeiten.

Die Höhe der Arbeitsplatten ist für Erwachsene gedacht. Stehe auf eine solide Kiste, um kräftig rühren, kneten und schneiden zu können.

So schneidest du richtig

>> Gemüse im »Krallengriff« mit gekrümmten Fingerspitzen gut festhalten und das Messer an den Knöcheln entlang führen. Die Schneide niemals über die Knöchel heben und die Spitze nach unten halten. Das Gemüse in der Krallenhaltung in der gewünschten Schnittbreite vorschieben. Das Messer zum Schneiden schieben, nicht nach unten drücken. Ganz wichtig: Das Messer sollte eine breite Klinge haben und richtig scharf sein. Damit ist die Gefahr von Verletzungen geringer.

1 × 1 der Küche

Tipp

Messer solltest du ...

>> ... nicht in die Spülmaschine geben. Sie werden stumpf.

>> ... nicht lose in eine Schublade legen. Sie schleifen sich gegenseitig ab.

>> ... immer flach und mit der Klinge vom Körper weg auf den Tisch legen.

>> ... nie aufzufangen versuchen! Das gibt üble Schnittwunden.

Diese Messer brauchst du

1 **Kochmesser** mit breiter Klinge zum Schneiden von Fleisch, Gemüse und Kräutern.
2 **Brotmesser** mit Zacken zum Schneiden von Brot, größeren Früchten und für Braten.
3 **Allzweckmesser** mit kurzer schmaler Klinge zum Schälen und Putzen von Gemüse.
4 **Sparschäler** für Obst und Gemüse.
5 Ein **Schneidebrett** schont Messer und Arbeitsflächen.

Spaghetti mit mediterranem Gemüse

1 kleine Zucchini
1 kleine Aubergine
1 Paprika
120 g Champignons
2 kleine Tomaten
1 – 2 EL Olivenöl
1 Zweig Rosmarin
1 Knoblauchzehe
300 g Spaghetti
1 Bund Basilikum
2 Spritzer Zitronensaft
80 g Parmesan
Salz, Pfeffer

Zubereitungszeit: 35 Minuten

Am 1. April 1957 berichtete das englische Fernsehen, dass die italienischen Bauern wegen schlechtem Wetter weniger Spaghetti von den Bäumen ernten. Viele Zuschauer fielen auf den Aprilscherz herein. Natürlich wachsen Spaghetti nicht auf den Bäumen. Aber wer kam auf die Idee, aus Hartweizen und Wasser bindfadendünne Nudeln zu machen? Niemand weiß es. Aber wir sollten dem Erfinder dafür dankbar sein!

Geübte Spaghetti-Esser schneiden die langen Nudeln nicht, sondern wickeln sie mit der Gabel am Tellerrand auf. Damit keine Riesenrolle entsteht, ziehen sie nur drei oder vier Nudeln aus dem Spaghetti-Berg. Du kannst einen Löffel zur Hilfe nehmen, in dessen Innenseite du die Gabel drehst.

1

Zucchini, Aubergine, Paprika und Champignons in kleine Würfel schneiden. Tomate häuten (siehe Tipp!), entkernen und würfeln.

2

In einem Topf zuerst die Auberginenwürfel mit Olivenöl, dem Rosmarinzweig und der zerdrückten Knoblauchzehe anschwitzen. Paprika, Pilze und Zucchini zugeben, gut anrösten, zuletzt die Tomaten untermischen und mit Salz und Pfeffer würzen.

3

Jetzt die Spaghetti in Salzwasser al dente kochen (etwa 7 Minuten) und das Wasser abschütten. Das Gemüse kann derweil auf kleinster Hitze »ziehen«.

Tomaten kannst du leicht häuten: Den Stilansatz ausschneiden, mit einem scharfen Messer die Haut über Kreuz einschneiden. Die Tomaten etwa eine Minute in heißes Wasser geben und kurz mit kaltem Wasser abschrecken. Jetzt die Haut abziehen.

fertig

Die Spaghetti mit dem Gemüse in eine Schüssel geben, gehacktes Basilikum untermischen, mit Zitronensaft, Salz und Pfeffer abschmecken. Dazu geriebenen Parmesan servieren.

19

Pizza

2 Schalotten
2 EL Olivenöl
Salz, Pfeffer, Zucker
200 g enthäutete Tomaten
(aus der Dose)
ca. 1 TL Oregano, getrocknet
250 g Mozzarella

 Zubereitungszeit: 60 Minuten

Die Pizza wurde schon vor Jahrhunderten als Brotfladen mit Gewürzen, Knoblauch und Öl in allen Ländern am Mittelmeer gebacken. Erst mit der Entdeckung Amerikas im 16. Jahrhundert kam eine weitere wichtige Zutat nach Europa: die Tomate. In Italien aßen die Fischer ihre Pizza mit Knoblauch, Tomate, Oregano. Sie heißt deshalb Pizza Marinara (ital.: nach Seemannsart).

1889 besuchte die italienische Königin Margherita die Stadt Neapel. Sie wünschte sich eine Speise des Volkes. Der Pizzaiolo Raffaele Esposito belegte ihr zu Ehren eine Pizza mit den Farben der italienischen Flagge: mit grünem Basilikum, roten Tomaten und weißem Mozzarella-Käse. Die Pizza Margherita findest du heute auf der Speisekarte jeder Pizzeria.

Vincent und die Kochlöffelbande

1

Als Teig nimmst du das Grundrezept für Brotteig auf Seite 43. Den Teig nochmals durchkneten, dünn ausrollen und auf ein gefettetes oder mit Backpapier ausgelegtes Blech geben. Am Rand etwas hochziehen und den Boden mit einer Gabel einstechen.

2

Schalotten schälen und fein schneiden. In einem Topf mit 2 EL Olivenöl Schalotten anschwitzen und Tomatenstücke zugeben. Mit Salz, Pfeffer und einer Prise Zucker würzen und ca. 10 Minuten köcheln. Nach Geschmack Oregano untermischen.

fertig

Mozzarella in Scheiben schneiden. Gekochte Tomaten auf dem Teig verteilen und die Pizza nach Belieben mit Schinken, Salami, Champignons, Zwiebeln und dem Mozzarella belegen. Die Pizza im vorgeheizten Backofen (200°C) etwa 15 Minuten backen.

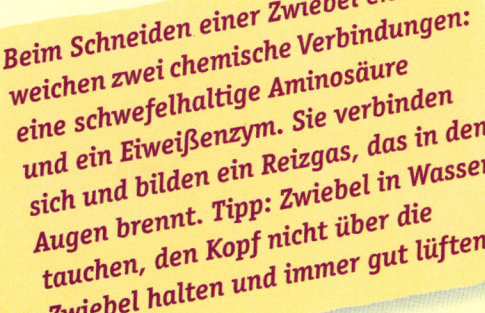

Beim Schneiden einer Zwiebel entweichen zwei chemische Verbindungen: eine schwefelhaltige Aminosäure und ein Eiweißenzym. Sie verbinden sich und bilden ein Reizgas, das in den Augen brennt. Tipp: Zwiebel in Wasser tauchen, den Kopf nicht über die Zwiebel halten und immer gut lüften.

Keine Küche ohne Kräuter

Würzen macht Spaß

Kräuter sind frische oder getrocknete Wurzeln, Stängel, Blätter, Früchte und Samen von Pflanzen. Sie verfeinern das Essen und geben ihm den richtigen Pfiff. Ihre Inhaltsstoffe sind sehr gesund. Deshalb werden Würzpflanzen auch als Heilmittel verwendet. Gute Köche wissen aus Erfahrung, welche Kräuter zu einem Gericht passen. Am besten probierst du also aus, wie sie schmecken. Frische Kräuter beim Kochen erst am Schluss zugeben. Hitze zerstört ihr Aroma!

Basilikum

» Basilikum gibt es mit großen oder kleinen, grünen oder roten Blättern. Es kann pfeffrig, nach Zitronen oder scharf schmecken. Lecker zu allen südländischen Gerichten, wie Tomatensalat oder Spaghetti!

Petersilie

» Petersilie hat einen leichten Zwiebelgeschmack. Ihre kleingeschnittenen Blätter und Stiele kannst du einfach über Salate und Gerichte streuen.

Majoran und Oregano

» Majoran schmeckt leicht bitter-süss und zitrusartig, Oregano ist herber und würziger. Die Kräuter passen zu Tomatengerichten und kräftigen Speisen.

Dill

» Dill hat einen unverwechselbaren frischen Geruch, der früher Hexen und Albträume vertreiben sollte. Da das Aroma gut zu Gurken passt, wird die Pflanze auch Gurkenkraut genannt. Die Samen, Stiele und Spitzen des Krauts würzen Suppen, Saucen und Salate.

Thymian

» Frischer Thymian schmeckt erfrischend erdig und nach Pfeffer. Das Kraut würzt Fisch, Fleisch und Geflügel. Zusammen mit Lorbeer und Petersilie bildet es das »Bouquet garni«, das klassische Kräutersträußchen zum Würzen von Suppen und Saucen.

Grüne Minze

» Leicht scharfes und zitronenartiges Aroma. Die Pfefferminze ist intensiver und kräftiger. Das Kraut wird gerne als erfrischender Tee getrunken. Passt zu allen Gerichten, denen man eine frische und würzige Note geben möchte.

Tipp

» Frisch schmecken Kräuter am besten! Du kannst sie in einem Blumenkasten selbst aufziehen, der auf dem Balkon oder einem Fenstersims Platz findet. Kräuter brauchen Licht und Wärme. Achtung: Nicht alle dürfen im gleichen Topf stehen. Am besten fragst du einen Kräuterhändler, wie du die Kräuter richtig behandelst.

Schnittlauch

» Schnittlauch in Suppen, Salaten, Quark oder über Pellkartoffeln schmeckt köstlich! Die lauchig schmeckenden Röhrchen sind sehr gesund. Unbedingt auch mal die violette Blüte probieren!

Gefüllte Kalbsrouladen

1 Schalotte
2 EL Olivenöl
40 g Schinken
50 g Bergkäse
8 Kalbsschnitzel à 80 g
etwas Salz, Pfeffer
1 TL scharfer Senf
2 EL Butterschmalz

🕐 Zubereitungszeit: 60 Minuten

Roulade kommt von dem französischen Wort »rouler« für »rollen«. In diesem Rezept rollst du dünne Kalbsschnitzel. Es gibt aber auch Rezepte mit Gemüse, etwa mit gerollten Kohlblättern.

Einfallsreiche Köche füllen die Rouladen mit allem, was passt und schmeckt. Das Aroma und der Geschmack der Füllungen würzen die Hülle. Außerdem geben sie beim Essen eine leckere Beilage. Probier es aus und lasse dir andere leckere Füllungen einfallen!

Die Schalotte schälen, fein schneiden und in einer Pfanne mit 1 EL Olivenöl anschwitzen. Schinken in Würfel schneiden, Käse fein reiben. Käse, Schinken und Schalotten miteinander vermischen.

Der Metzger sollte das Fleisch bereits flach klopfen. Du kannst es aber auch selbst in einem Gefrierbeutel »plattieren«.

Fleisch mit wenig Salz und Pfeffer würzen, dünn mit Senf bestreichen. Schinkenmischung darauf verteilen. Zu Rouladen aufrollen.

Vorsichtshalber kannst du die Rollen mit Zahnstochern fixieren. Die Rouladen in einer Pfanne mit 2 EL Butterschmalz bei mittlerer Hitze goldbraun braten. Dann einen Deckel darauf geben und die Pfanne vom Herd ziehen.

fertig

Wenn du etwas in heißes Fett gibst, lass es nicht einfach hineinfallen. Die Spritzer können sehr schmerzhafte Brandwunden verursachen. Halte das Fleisch oder Gemüse möglichst dicht über die Oberfläche des Fetts und lege es von dir weg in die heiße Flüssigkeit.

Seelachsgratin auf Gemüse

Kräuter wie Schnittlauch, Petersilie, Thymian
4 Seelachsfilets à 150 g
etwas Zitronensaft
2 kleine Zucchini
2 Schalotten
1 EL Olivenöl
80 g saure Sahne
2 EL Semmelbrösel

Zubereitungszeit: 60 Minuten

Viele Menschen meinen, es sei schwierig, Fisch zu kochen. Dabei ist es ganz einfach. Vor allem wenn du fix und fertig vorbereitete Filets nimmst.
Der wichtigste Trick bei Fischgerichten ist, dass du das Fleisch (kein Fehler: auch beim Fisch redet man vom Fleisch) nicht zu heiß und nicht zu lange kochst. Sonst zerfällt es und wird fad.

Es gibt viele Fischarten, unter denen du sicher dein Lieblingsgericht findest. Allen gemeinsam ist, dass sie wenig Fett und viele gesunde Nährstoffe haben. Man sollte daher mindestens einmal in der Woche Fisch essen. Aber nicht unbedingt als Fischstäbchen. Denn da schmeckst du nichts mehr von dem feinen Aroma des Fischfleischs.

Die Fischfilets waschen, trocken tupfen, mit Salz und Pfeffer würzen und mit Zitronensaft beträufeln. Kräuter abspülen, trocken schütteln und fein schneiden.

Die Zucchini in feine Scheiben schneiden. Schalotten schälen, fein schneiden und in einer Pfanne mit Olivenöl anschwitzen. Zucchinischeiben zufügen und kurz anbraten. Dann in eine Auflaufform geben und mit Salz und Pfeffer würzen. Die Fischfilets auflegen.

Saure Sahne mit den Kräutern mischen, mit Salz, Pfeffer und einem Spritzer Zitronensaft abschmecken.

Fischfilets mit der Kräuter-Sahne übergießen und mit Semmelbröseln bestreuen. Im 200 Grad heißen Backofen ca. 20 Minuten backen.

fertig

Seelachsfilets auf einem Bett aus Gemüse, würde hier auf der Speisekarte stehen. Sieht das nicht lecker aus? Noch ein Tipp: Mit Kartoffelpüree servieren.

Viele Fischarten sind durch Überfischung vom Aussterben bedroht. Welche du unbedenklich essen kannst, zeigt dir das blaue Zeichen oder der Hinweis »aus ökologischer Anbaukultur«. Infos findest du im Internet unter www.wwf.de/fisch oder bei www.greenpeace.de/themen unter dem Stichwort »Meere«.

MARINE STEWARDSHIP COUNCIL

MSCI0389
www.msc.org

Gefüllte Grünkern-Küchle

300 ml Gemüsebrühe
100 g Grünkern (geschrotet)
1 Zwiebel
50 g Speck
1 Knoblauchzehe
1 EL Thymian
1 EL Petersilie
50 g gemahlene Pinienkerne
1 Ei
1 Eigelb
20 g Mehl
50 g Bergkäse
Salz, Pfeffer
1–2 EL Butterschmalz

Zubereitungszeit: 45 Minuten

Bratlinge oder Frikadellen mal anders, nämlich aus Getreide statt Fleisch! Wir nehmen dazu Grünkern, ein herzhaft und leicht rauchig schmeckendes Korn.

Grünkern ist eigentlich Dinkel, eine der ältesten Getreidesorten der Welt. Er wird geerntet, wenn er noch unreif und damit grün ist. Daher der Name. Dann werden die Körner getrocknet und geröstet. Ihr Geschmack erinnert deshalb etwas an guten Räucherspeck. Teste doch einfach mal deine Gäste. Lasse sie raten, aus was deine Bratlinge bestehen. Bestimmt finden sie nicht heraus, dass sie aus Getreide und nicht aus Hackfleisch gemacht sind.

Gemüsebrühe aufkochen, den geschroteten Grünkern untermischen und 10 Minuten quellen lassen. Achtung: Der Brei brennt schnell an! Es reicht, den Topf mit geschlossenem Deckel auf der warmen Herdplatte stehen zu lassen. Vorsichtshalber alle zwei Minuten umrühren.

Kleingeschnittene Zwiebel und Speckwürfel in einer Pfanne mit einem halben EL Butter anschwitzen.

Zerdrückten Knoblauch mit den fein gehackten Kräutern und den Pinienkernen unter den gequollenen Grünkern mischen. Den Brei auskühlen lassen. Dann Ei, Eigelb und Mehl unter die Masse arbeiten und mit Salz und Pfeffer würzen.

Aus dem Brei Bratlinge formen. Die einzelnen Bratlinge mit dem in kleine Würfel geschnittenen Käse und der Speck-Zwiebelmischung füllen.

fertig

In einer Pfanne mit dem restlichen Butterschmalz die Grünkernküchle langsam von beiden Seiten goldbraun braten.

Quark-Dip

Zu den Grünkernküchle schmeckt ein frischer Quarkdip: 70 ml Milch, 150 Gramm Quark und 1 EL Olivenöl gut verrühren. Eine in Würfel geschnittene Tomate und gehackten Schnittlauch untermischen. Mit Salz und Pfeffer abschmecken.

Wiener Schnitzel

2 Eier
8 EL frisch geriebene Semmelbrösel
1 Zitrone
4 Kalbsschnitzel à 150 g
(ohne Sehnen und ohne Fett)
3 EL Mehl
4 – 6 EL Butterschmalz zum Braten

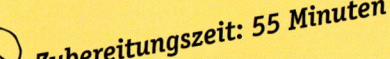 **Zubereitungszeit: 55 Minuten**

Für ein echtes Wiener Schnitzel verwendet man immer dünn geschnittenes Kalbfleisch. Am besten sagt ihr dem Metzger, was ihr kochen wollt, dann schlägt er das Fleisch mit dem Fleischklopfer noch extra flach.

Natürlich stammt das Rezept aus Wien. Aber ob es dort erfunden wurde? Angeblich kam die Idee im 15. Jahrhundert aus Italien, andere berichten, dass sie ein Feldmarschall Radetzky 1857 von dort mitgebracht hat. Egal, ob sich ein Wiener Koch das Rezept ausgedacht oder bei einem italienischen Kollegen abgeschaut hat: Hauptsache es schmeckt!

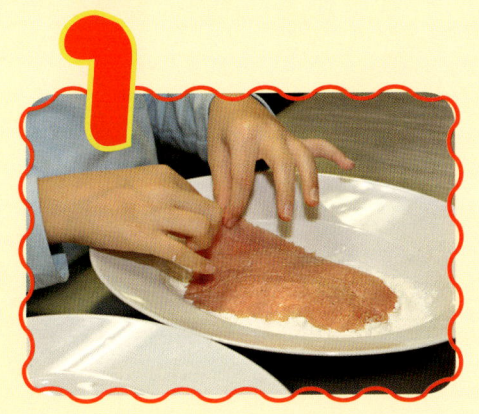

Eier in einem tiefen Teller verquirlen, Semmelbrösel auf einen zweiten Teller geben. Die Schnitzel mit Salz und Pfeffer würzen und in Mehl wenden.

Die Schnitzel im verquirlten Ei richtig baden, damit sie rundum feucht sind.

Dann durch die Semmelbrösel ziehen. Die Brösel mit der Hand fest andrücken und die Schnitzel abschütteln.

In einer Pfanne Butterschmalz erhitzen und die panierten Schnitzel darin goldbraun braten.

fertig

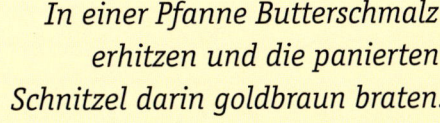

Die Schnitzel auf vorgewärmten Tellern mit dem Kartoffelsalat von Seite 38 anrichten. Mit Zitronenspalten garnieren.

Butterschmalz ist Butter, der durch Erhitzen und Filtern Wasser, Milcheiweiß und Milchzucker entzogen wurde. Das Fett lässt sich höher erhitzen und eignet sich besonders gut zum Braten.

Paprika-Hähnchenbrust

2 trockene Brötchen
(oder 200 g Semmelbrösel)
1 rote Paprika
1 – 2 Eier
3 EL Mehl
4 Hähnchenbrustfilets
etwas Salz, Pfeffer
3 EL Olivenöl

 Zubereitungszeit: 45 Minuten

Gibt es etwas Leckereres als knusprig gebratenes Hähnchenfleisch? Dabei ist es fast schon egal, wie man es zubereitet. Die süßlich schmeckende Paprika in diesem Rezept unterstreicht allerdings sehr gut das feine Aroma des Hähnchenfleischs.

Achte beim Einkauf darauf, wo das Geflügelfleisch herkommt. Es gibt Hähnchen, die haben ihr Leben lang nur Käfiggitter gesehen. Andere dagegen durften sich frei bewegen. Klar, dass die kräftigeres Fleisch haben. Freilandhaltung ist aufwendiger, das Hähnchenfleisch ist deshalb normalerweise teurer. Aber dafür schmeckt es besser. Es lohnt sich also, etwas mehr auszugeben.

Vincent und die Kochlöffelbande

Zuerst musst du das Brötchen grob würfeln.
Dann halbierst du die Paprika, entkernst sie und schneidest
sie klein. Das Brötchen und die Paprikastücke jetzt im
Cutter oder mit dem Pürierstab fein hacken.

Bereite drei hohe Teller vor.
Einen füllst du mit verquirltem Ei,
einen mit Mehl und den dritten
mit der Paprika-Mischung.

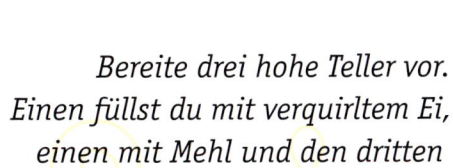

Die Hähnchenbrüste mit Salz und Pfeffer würzen.
Dann wendest du sie zuerst im Mehl, dann im
Eigelb und schließlich in der Paprika-Mischung.
Die Panierschicht kannst du mit der Hand leicht
andrücken.

fertig

In einer Pfanne brätst du die
Hähnchenschnitzel in Olivenöl goldbraun.
Lecker schmecken die Hähnchenschnitzel
mit dem Gurkensalat von Seite 40.
Du kannst sie auch mit Brot,
Kartoffeln oder Reis servieren.

Das französische Wort »paner« bedeutet
»mit geriebenem Brot bestreuen«.
Die knusprige Hülle hält das Fleisch saftig
und zart. Allerdings saugt die Panade
viel Fett auf. Deshalb die Schnitzel auf
Küchenpapier vor dem Servieren
abtropfen lassen!

Küchenlatein

... abschmecken

... blanchieren

... braten

Abschmecken

» Einem Gericht zum Schluss mit Kräutern und Gewürzen den richtigen Geschmack geben.

Blanchieren

» Kurzes Garen (1 Minute) von Obst oder Gemüse in kochendem Wasser. Dient der Farberhaltung und der Oberflächenreinigung vor der Weiterverarbeitung.

Braten

» Garen bei eher starker Hitze in der Pfanne oder im Backofen, bis das Bratgut braun wird.

Dünsten

» Garen im eigenen Saft im geschlossenen Topf. Wenn nötig mit etwas Fett oder Flüssigkeit.

Einkochen oder reduzieren

» Kochen im offenen Topf, bis die Flüssigkeit durch Verdampfen dicklich wird.

ganz einfach

... frittieren

... kochen

... schmoren

Frittieren

» In sehr heißem Fett schwimmend garen.

Kochen

» Garen in reichlich Flüssigkeit.

Quellen

» Feste oder getrocknete Lebensmittel in heißer oder kalter Flüssigkeit einweichen.

Schmoren

» Kurzes Anbraten bei großer Hitze und Weitergaren bei mittlerer Hitze im geschlossenen Topf.

Unterziehen oder unterheben

» Vorsichtiges Unterrühren einer Flüssigkeit.

Geflügelsalat

2 Hähnchenbrustfilets
1 Lorbeerblatt
1 kleine Zwiebel
etwas Salz, Pfeffer
2 Eigelb
2 TL scharfer Senf
2 EL Zitronensaft
ca. 1/4 l Speiseöl (je nach
Vorliebe Sonnenblumen-,
Oliven- oder Distelöl)
1 Prise Curry
200 g Erbsen (gefroren)
1–2 Äpfel (eher säuerlich
wie Boskop)

Zubereitungszeit: 45 Minuten

Kochen hat immer etwas mit Chemie zu tun. Bei unserer Salatsoße, einer Mayonnaise, bewirkt ein chemischer Vorgang, dass sie schön cremig wird. Würdest du alle Zutaten einfach vermischen, gäbe es nur eine ölige Flüssigkeit. Gießt du das Öl schön langsam in das Eigelb, verbinden sich Wasser, Ei und Öl zu einer »Emulsion«. Eine Emulsion ist ein Gemenge aus normalerweise nicht mischbaren Flüssigkeiten.

Du musst dabei kräftig rühren. Dazu kannst du eine Gabel, einen Schneebesen oder einen Handmixer nehmen. Sollte die Soße gerinnen, wodurch sie flockig wird, hast du das Öl zu schnell zugefügt. Verrühre einfach noch ein Eigelb mit Senf und lass die geronnene Mayonnaise einfließen – aber dieses Mal gaaanz langsam.

1 Die Hähnchenbrustfilets mit dem Lorbeerblatt, der geschälten halbierten Zwiebel, etwas Salz und Pfeffer in einem Topf knapp mit Wasser bedecken. Gar kochen und anschließend abkühlen lassen.

2 Als Salatsoße machst du eine Mayonnaise. Eigelb mit Senf und Zitronensaft in eine schmale Schüssel mit hohem Rand geben. Unter stetigem Rühren das Öl langsam hineinlaufen lassen. Wenn die Soße sämiger wird, kannst du das Öl unbekümmert zugeben, bis sie weich und glatt ist. Mit Salz, Pfeffer und einer Prise Curry abschmecken.

3 Die Erbsen kurz blanchieren (siehe dazu Seite 34) und abtropfen lassen. Den Apfel schälen und in hauchdünne Scheiben schneiden.

Die Hähnchenfilets in Würfel schneiden. Mit den Erbsen, Apfelscheiben und der Mayonnaise mischen.

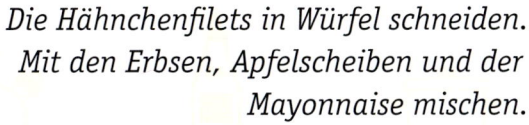
fertig

Eier können die Krankheitserreger Salmonellen enthalten. Wie alle Gerichte, die mit rohen Eiern zubereitet werden, solltest du selbst gemachte Mayonnaise kühl aufbewahren und in wenigen Tagen verbrauchen.

Kartoffelsalat

600 g Kartoffeln, festkochend
250 ml kräftige Fleischbrühe
1 kleine Zwiebel
1/2 TL scharfer Senf
2 Msp Curry
etwas Salz und Pfeffer
ca. 1 EL Apfelessig
ca. 5 EL Sonnenblumenöl

🕐 Zubereitungszeit: 40 Minuten

Das ist die oberultimative Superuniversalbeilage! Kartoffelsalat passt zu allem: Zu Würstchen, Hamburger, Braten und einfach zu grünem Salat. Auf Partys ist ein guter Kartoffelsalat immer ein beliebter Gaumenschmaus und Sattmacher.

Kartoffelsalat wird in jeder Region anders zubereitet. Mal mit Gemüsebrühe, mal mit Mayonnaise, mit Gurken, Zwiebeln, Speck, Äpfeln… Manchmal hat auch eine Familie *ihr* Spezialrezept, das von einer Urururgroßmutter stammt. Die einfache Zubereitung mit Fleischbrühe, Senf und Zwiebel ist eher in Süddeutschland zu Hause.

1

Die ungeschälten Kartoffeln weich kochen, abkühlen lassen und schälen.

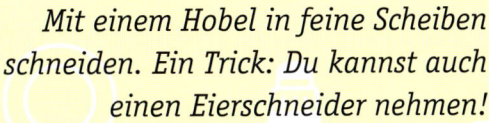

Mit einem Hobel in feine Scheiben schneiden. Ein Trick: Du kannst auch einen Eierschneider nehmen!

2

3

Die Fleischbrühe aufkochen. Wenn du Brühepulver nimmst, rührst du einfach die für ein Viertel Liter angegebene Menge in das kochende Wasser ein.

fertig

Fleisch- oder Gemüsebrühe gibt es als Pulver zum Anrühren in jedem Lebensmittelladen. Achte darauf, dass es keine Geschmacksverstärker und wenig Salz enthält. Nachsalzen kannst du selbst. Mit dem Pulver kannst du Eintöpfe, Saucen und Gerichte würzen und verfeinern.

Die Zwiebel fein schneiden und zu den Kartoffeln geben. Senf, Curry, Salz, Pfeffer, Essig, Öl hinzufügen und mit der heißen Fleischbrühe übergießen. Alles gut mischen. Den Kartoffelsalat etwas ziehen lassen, nochmals abschmecken und nachwürzen.

Gurkensalat

1 Salatgurke
3 EL Naturjoghurt
1/2 Zitrone, ausgepresst
2 EL Sonnenblumenöl
etwas Salz, Pfeffer
1/2 Bund Dill
1/2 Bund Schnittlauch

Zubereitungszeit: 25 Minuten

Ein echtes Oma-Rezept, das immer schmeckt. Frisch und saftig, ist es vor allem im Sommer ein leichtes und bekömmliches Essen. Ein Gurkensalat passt zu jedem Gericht. Außer Tomaten- und Blattsalat gibt es kaum eine andere Beilage, die du leichter und schneller zubereiten kannst.

Gurken sind sehr gesund. Sie enthalten viele für die Ernährung wertvolle Mineralstoffe, wie Kalium, Kalzium und Magnesium, sowie wichtige Vitamine. Da sie zu 98 Prozent aus Wasser bestehen, haben sie sehr wenig Kalorien.

1

Die Gurke schälen (siehe Kasten) und halbieren. Die Kerne herausstreichen und die Gurkenhälften in feine Scheiben schneiden.

2

Den Joghurt mit etwas Zitronensaft, Sonnenblumenöl, Salz und Pfeffer zu einer Sauce verrühren. Die Sauce gibst du über die Gurkenscheiben.

Jetzt den Dill und Schnittlauch fein schneiden und unter den Salat mischen.

fertig

Ungespritzte Gurken aus dem Garten oder Bioladen kannst du mit Schale essen. Du musst sie nur waschen und trockenreiben.

Gerste

Roggen

Dinkel

Weizen

Hafer

Reis

Aus echtem Schrot und Korn

Diese kleinen Körner sind neben Gemüse und Früchten seit Jahrtausenden das wichtigste Grundnahrungsmittel der Menschen. Es sind Grassamen, die durch gezielten Anbau für die menschliche Ernährung nutzbar gemacht wurden. Getreide enthält fast alle Nährstoffe, die der Körper braucht.

Getreide ist wichtig für das tägliche Brot. Du kannst es aber auch roh essen, etwa geschrotet oder als Flocken. Aber Vorsicht: Nicht jeder verträgt rohes Getreide, weil es schwer verdaulich ist und Magenschmerzen verursachen kann.

Tipp

» Die Nährstoffe des Getreides sitzen in seinen äußeren Schichten. Diese werden bei der Herstellung von weißem Mehl entfernt. Nur Vollkornmehl, das aus dem ganzen Korn gemahlen wird, enthält alle Vitamine und Mineralstoffe.

Vincent *und die Kochlöffelbande*

Brot aus der eigenen Bäckerei

» Teig kneten macht richtig Spaß. Am Anfang wühlst du in einer klebrigen Mehlmasse und plötzlich entsteht daraus ein glatter, weicher Teig! Aufregend ist es auch, wenn man diesen Teig stehen lässt und er plötzlich wie von Zauberhand wächst. Und erst der Duft nach warmem Brot aus dem Backofen!

Probier es aus! Mit diesem Teigrezept kannst du dein eigenes Brot backen. Und das Tollste: Du kannst es formen, wie du willst: Lang, dünn, gerollt, mit Sonnenblumenkernen gefüllt oder mit Mohn belegt. Eines ist sicher: Für dein frisches Brot wird du sicher von allen bewundert.

15 g frische Hefe
1 Prise Zucker
130 ml Wasser
250 g Mehl
1/2 TL Salz
50 ml Olivenöl
etwas Mehl zum Ausrollen

🕐 Zubereitungszeit: 75 Minuten

1 *Die Hefe löst du mit einer Prise Zucker in dem lauwarmen (nicht zu heißen) Wasser auf. In einer großen Rührschüssel mischst du Mehl und Salz. Dann gibst du die aufgelöste Hefe und das Olivenöl zu.*

2 *Die Masse musst du nun zu einem glatten Teig verkneten. Glatt bedeutet, dass der Teig sich gut vom Schüsselrand und den Fingern löst. Bleibt er klebrig und feucht, fügst du noch etwas Mehl zu. Ist er zu trocken und hart, gibst du ein paar Spritzer Wasser dazu.*

3 *Aus dem Teig eine Kugel formen und mit Mehl bestäuben. Die Rührschüssel deckst du mit einem Geschirrtuch zu und lässt den Teig darin bei Zimmertemperatur etwa 30 Minuten gehen.*

4 *Den Teig vor dem Backen nochmals durchkneten und dann in die gewünschte Form bringen. Als Brotlaib im vorgeheizten Backofen bei 250 Grad (Umluft 220 Grad, Gas Stufe 4) 20 bis 25 Minuten backen. Ob das Brot fertig ist, kannst du durch Klopfen auf die Unterseite feststellen. Klingt es hohl, ist das Brot gebacken.*

Kartoffelbrei

800 g Kartoffeln,
mehlig kochend
etwas Salz
ca. 250 ml Milch
1 Prise Muskat
1 EL Butter

 Zubereitungszeit: 40 Minuten

Man sollte meinen, die Kartoffel wäre schon immer eine beliebte Essensbeilage gewesen. Doch erst um 1600 brachten sie die Spanier aus Südamerika nach Europa. Anfangs glaubten die Menschen, die Kartoffel verursache Aussatz, Schwindsucht und Rachitis. Sie befürchteten, dass die Kartoffeln, wie alle Früchte aus dem Boden, vom Teufel stammen. Wegen ihrer schönen Blüten wurden sie nur als Zierpflanze angebaut.

Heute ist die Kartoffel hinter Weizen und Reis das weltweit am meisten angebaute Nahrungsmittel. Nur die Triebe und die grünen Stellen der Kartoffel sind giftig. Du solltest diese Teile unbedingt wegschneiden!

1 Die Kartoffeln schälen, in große Stücke schneiden und in Salzwasser garen.

2 Wenn sie weich sind, gießt du das Wasser ab und stellst den Topf kurz auf den Herd, bis alle Flüssigkeit verdampft.

3 In einem kleinen Topf Milch erhitzen. Die Kartoffeln durch die Presse drücken und die Milch mit dem Schneebesen oder Rührgerät unterschlagen, bis der Brei schön cremig ist.

Probiere einmal Kartoffelbratlinge: Fett in einer Pfanne erhitzen. Mit einem großen Löffel Breifladen in die Pfanne geben. Flachdrücken und auf beiden Seiten bei mittlerer Hitze langsam goldbraun anbraten. Mit Spiegeleiern und Salat servieren!

fertig

Vor dem Servieren mit Salz und Muskat abschmecken und die Butter unterziehen.

Nudeln mit Tomatensauce

500 g reife Fleischtomaten
(oder Tomaten aus der Dose)
1 Zwiebel
1 Knoblauchzehe
1 EL Olivenöl
2 EL Tomatenmark
1 Zweig Rosmarin
1 Zweig Thymian
300 g Nudeln
1 Prise Zucker
etwas Salz, Pfeffer

🕐 **Zubereitungszeit: 35 Minuten**

Auch die Tomaten brachten die Spanier erst im 16. Jahrhundert von ihren Entdeckungsreisen nach Südamerika zu uns. »Sie stinkt und ist von üblem Geschmack«, fanden die ersten Testesser.
Die rote Frucht galt sogar als giftig und sollte den »Liebeswahn« entfachen. Sie heißt deshalb auch »Liebesapfel«. Allerdings weiß man inzwischen, dass Tomaten sehr gesund und kalorienarm sind.

Ein Tipp: Zuerst die Tomatensauce und dann die Nudeln kochen. Die Soße wird immer besser, je länger sie zieht. Nudeln dagegen werden pampig, wenn sie zu lange kochen oder herumstehen. Die Tomatensauce schmeckt auch sehr gut mit Reis, auf einer Pizza (Seite 20), zu Rouladen (Seite 24) oder mit Bratlingen (Seite 28).

1 Für die Tomatensauce die Tomaten kurz in kochendes Wasser geben, häuten (siehe Tipp Seite 19) und würfeln. Zwiebel und Knoblauch schälen, fein schneiden und in 1 EL Olivenöl anschwitzen.

2 Tomatenmark und Tomatenwürfel zugeben. Kräuterzweige hinzufügen und alles köcheln, bis die Tomaten zu einer dicken Sauce eingekocht sind.

3 Inzwischen die Nudeln in Salzwasser »al dente« kochen. Der italienische Begriff für »bissfest« bedeutet, dass die Nudeln weder pampig noch hart sein sollen.

4 Das Wasser abschütten. Stelle dazu ein standfestes Sieb in den Ausguss. Vorsicht vor dem heißen Wasserdampf!

fertig

Mit Salz, Pfeffer und einer Prise Zucker abschmecken. Kräuterzweige herausnehmen. Die Nudeln mit der Sauce vermischen.

Um Zwiebeln in kleine Würfel zu zerlegen, schneidest du auf beiden Seiten die Keimansätze ab. Dann die Zwiebel schälen und halbieren. Jede Hälfte zuerst längs und dann quer in feine Scheiben schneiden.

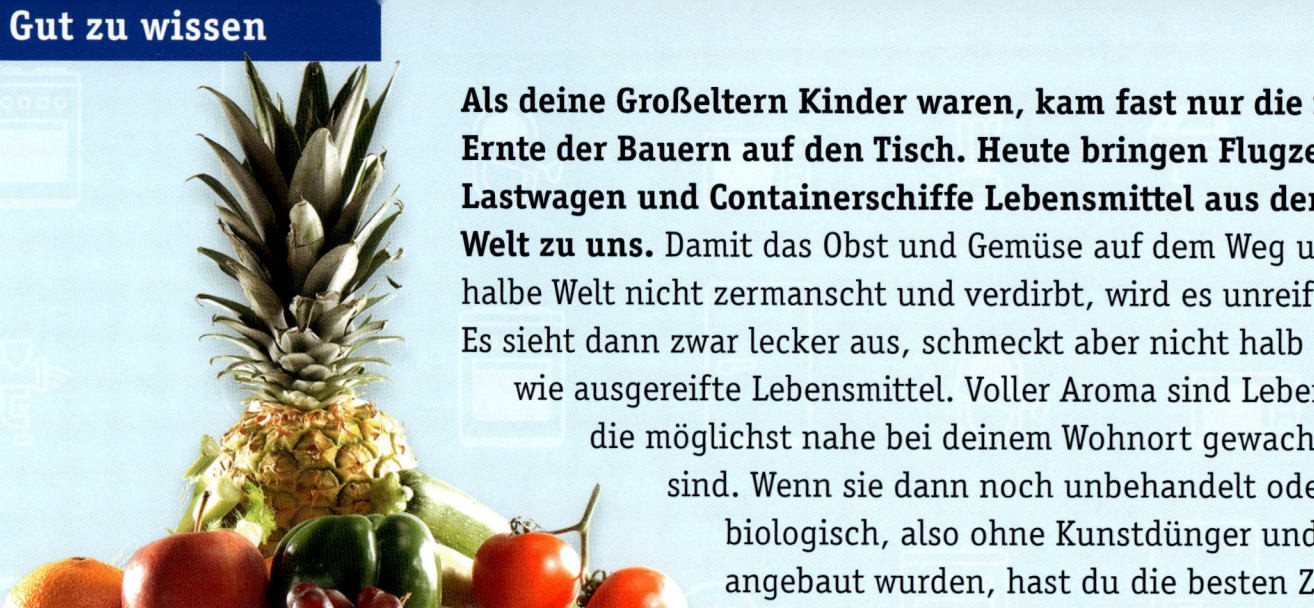

Als deine Großeltern Kinder waren, kam fast nur die frische Ernte der Bauern auf den Tisch. Heute bringen Flugzeuge, Lastwagen und Containerschiffe Lebensmittel aus der ganzen Welt zu uns. Damit das Obst und Gemüse auf dem Weg um die halbe Welt nicht zermanscht und verdirbt, wird es unreif geerntet. Es sieht dann zwar lecker aus, schmeckt aber nicht halb so gut wie ausgereifte Lebensmittel. Voller Aroma sind Lebensmittel, die möglichst nahe bei deinem Wohnort gewachsen sind. Wenn sie dann noch unbehandelt oder biologisch, also ohne Kunstdünger und Gift, angebaut wurden, hast du die besten Zutaten für ein gutes Essen.

clever einkaufen

>> In der kalten Jahreszeit müssen wir nicht auf heimisches Obst und Gemüse verzichten. Am besten bleiben die Vitamine und Mineralien erhalten, wenn man es tiefkühlt. Im eigenen Eisschrank geht das nur sehr langsam, die Lebensmittel verlieren viele Vitamine. In Fabriken, die Tiefkühlware produzieren, werden Erbsen und Co so schnell abgekühlt, dass die Vitamine mit konserviert werden.

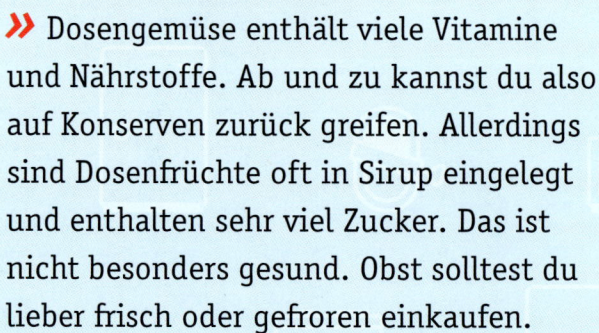

>> Dosengemüse enthält viele Vitamine und Nährstoffe. Ab und zu kannst du also auf Konserven zurück greifen. Allerdings sind Dosenfrüchte oft in Sirup eingelegt und enthalten sehr viel Zucker. Das ist nicht besonders gesund. Obst solltest du lieber frisch oder gefroren einkaufen.

Vincent und die Kochlöffelbande

Wann sind Früchte und Gemüse bei uns reif?

Legende: F = frisch, E = eingelagert

	Jan.	Feb.	März	April	Mai	Juni	Juli	Aug.	Sept.	Okt.	Nov.	Dez.
Apfel	E	E	E	E	E	E	F	F	F	F	E	E
Birne	E	E	E					F	F	F	E	E
Kirsche					F	F	F					
Pflaume								F	F			
Traube									F	F		
Zwetschge								F	F			
Erdbeere						F	F	F				
Heidelbeere							F	F				
Himbeere						F	F	F				
Brombeere								F	F			
Pfirsich								F				
Aprikose							F					
Quitte										F		
Blumenkohl						F	F	F	F			
Kohlrabi			F	F	F	F	F	F	F	E	E	
Bohnen							F	F	F	F		
Broccoli					F	F	F	F	F			
Erbsen						F	F					
Fenchel						F	F	F	F	F		
Gurke						F	F	F	F			
Herbstrübe									F		F	F
Karotten	E	E	E	E	E	F	F	F	E	E	E	E
Kartoffeln	E	E	E	E	E	F	F	F	E	E	E	E
Kürbis								F	F		F	F
Lauch		E	E	E	E	F	F	F	F		E	E
Paprika							F	F	F	F		
Radieschen				F	F	F	F	F	F			
Salate						F	F	F	F			

🌸 = frisch   📦 = eingelagert

Apfelküchle mit Vanillesauce

3 Äpfel
60 g Zucker
1 Zitrone
125 g Mehl
1 EL Sonnenblumenöl
1 Prise Salz
1/8 l Apfelsaft
2 Eier
1 Vanillestange
400 ml Milch
1 EL Sahne
Butterschmalz zum Ausbacken
Zimt und Zucker zum Bestreuen

Zubereitungszeit: 35 Minuten

Apfelküchle sind eigentlich eine süddeutsche Erfindung. Aber weil sie so gut schmecken, sind die süßen Krapfen heute überall beliebt.

In Süddeutschland werden die Apfelküchle vor allem an Fastnacht am »Schmotzigen Donnerschtag« gegessen. »Schmotzig« kommt von »Schmalz« und bedeutet hier »fettig«. Fettig ging es tatsächlich zu in der Fastnacht. Die Menschen wollten sich noch einmal kräftig die Bäuche voll schlagen vor der christlichen Fastenzeit. Sie begann mit dem Aschermittwoch, dem letzten Tag der Fastnacht. Entsprechend deftig und kalorienhaltig sind die in viel heißem Öl gebackenen Krapfen!

1

Die Äpfel schälen und das Kerngehäuse ausstechen. Dann die Äpfel in fingerdicke Scheiben schneiden und mit etwa einem Teelöffel Zucker bestreuen. Mit frisch gepresstem Zitronensaft beträufeln, damit die Apfelringe nicht braun werden.

Mehl, Öl, 1 Prise Salz und Apfelsaft glatt rühren. Die Eier trennen. Das Eigelb für die Soße zur Seite stellen, das Eiweiß zu Schnee schlagen und unter den Teig ziehen.

2

fertig

Die Apfelringe durch den Teig ziehen und in einer hohen Pfanne in Butterschmalz schwimmend goldbraun ausbacken. Auf einen Teller mit Küchenpapier legen, damit das überschüssige Fett aufgesaugt wird. Mit Zimt und Zucker bestreuen. Mit der Sauce servieren.

Vanillesauce

Für die Sauce die Vanillestange aufschneiden und das Mark herausstreichen. Mark und Schote mit dem restlichen Zucker und der Milch in einen Topf geben und aufkochen. Eigelb mit Sahne verquirlen, Milchtopf vom Herd ziehen und gleich die Ei-Mischung unterrühren. Alles gut mit dem Schneebesen verrühren, die Sauce durch ein Sieb passieren.

Milchreis mit Birnenkompott

1 Vanilleschote
ca. 400 ml Milch
1 Zimtstange
60 g Milchreis
1 Orange (unbehandelt)
50 g Zucker
1 Prise Salz
2 Eier
80 g Sahne

🕐 Zubereitungszeit: 55 Minuten

Vanille gibt sehr vielen Süßspeisen eine besonders aromatisch-würzige Note. Die seltsam länglichen Schoten sind die getrockneten Fruchtkapseln einer Orchidee. Weil Vanille nicht überall wächst und schwierig anzubauen ist, ist es eines der teuersten Gewürze der Welt. Es wird daher die »Königin der Gewürze« genannt.

Als günstigen Ersatz gibt es Vanillin. Aber das künstlich hergestellte Aroma schmeckt lange nicht so intensiv wie die über 120 Duftstoffe des natürlichen Gewürzes.

1 Vanillemark (siehe Seite 51) und die ausgekratzte Schote mit Milch, Zimtstange und Reis zum Kochen bringen. Den Herd auf kleinste Stufe schalten. 1/2 TL abgeriebene Orangenschale zum Reis geben und bei geschlossenem Deckel 30 Minuten ziehen lassen. Immer wieder umrühren. Zum Schluss den Zucker und eine Prise Salz unterrühren.

Den gekochten Reis vom Herd nehmen, Vanilleschote und Zimtstange herausnehmen. Der Reis sollte nicht völlig weich, sondern im Kern etwas fest sein. Die Eier trennen und das Eiweiß steif schlagen. Mit einem Holzlöffel das Eigelb einrühren, dann geschlagene Sahne und Eischnee unterheben. **2**

fertig

Jetzt musst du nur noch den Milchreis mit dem Birnenkompott anrichten.

Kompott

4 Birnen in Schnitze schneiden und in einer Pfanne mit 2 EL Butter anschwitzen. Mit 1 EL Puderzucker bestäuben und mit 50 ml Birnensaft ablöschen. Die Birnen mit einer Prise Zimt und 1/2 TL Abrieb von einer unbehandelten Zitrone abschmecken.

Rote Grütze mit Quark-Mousse

500 g Beeren (Erd- und Himbeeren,
Johannis- oder Brombeeren)
2 Vanilleschoten
6 TL Speisestärke
250 ml Orangensaft
120 g Zucker
2 Blatt Gelatine
1 Limette (unbehandelt)
250 g Magerquark
250 g Sahne, geschlagen

🕐 **Zubereitungszeit: 45 Minuten**

Die Rote Grütze ist eine Süßspeise aus dem Norden.
Das verrät der Name. »Grütze« bedeutet in Norddeutsch-
land »grob gemahlenes Getreide«. Tatsächlich wurde
früher die Rote Grütze mit geschrotetem Weizen, Hafer
oder Gerste zubereitet. Das Getreide wurde mit Beeren
und Zucker gekocht, bis sich ein dicker Brei bildete.

Inzwischen verwendet man statt Getreide andere
Verdickungsmittel, wie Gelatine, Speisestärke
oder Agar-Agar. Die rote Grütze ist dadurch nicht
mehr so grob und schmeckt leichter.

Gut gekühlt und mit Milch oder Sahne ist sie vor
allem an heißen Sommertagen eine Delikatesse.

54

1 Für die Rote Grütze die Beeren gut verlesen, nur behutsam waschen, von Rispen oder Stielen befreien. Vanilleschoten längs aufschneiden und das Mark herausstreichen. Stärke mit 5 EL Orangensaft anrühren. 50 g Zucker in einen Topf geben und karamellisieren, das heißt vorsichtig erhitzen, bis er braun und flüssig wird.

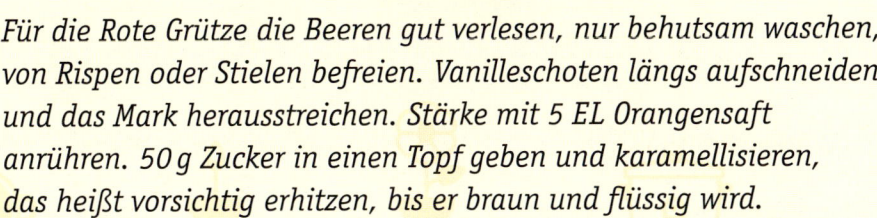

2 Mit Orangensaft ablöschen und zum Kochen bringen. Das Mark einer Vanilleschote, alle Beeren und die angerührte Speisestärke hinzufügen und kurz unter Rühren aufkochen lassen. Die Grütze in eine kalt ausgespülte Form oder Schälchen füllen. Mindestens 1 Stunde kalt stellen.

3

Für die Quark-Mousse die Gelatine in kaltem Wasser einweichen. Das Vanillemark der zweiten Schote, den restlichen Zucker und die abgeriebene Limettenschale mit Quark verrühren. Die Gelatine in wenig heißem Wasser auflösen, mit der Quarkmasse glatt rühren und die geschlagene Sahne unterarbeiten. Die Mousse in eine Schüssel abfüllen und im Kühlschrank fest werden lassen.

fertig

Die Rote Grütze auf einen Teller stürzen. Mit einem Eiskugelstecher aus der Mousse Kugeln abstechen und die Grütze damit garnieren.

Gelatine wird aus Tierknochen hergestellt. Durch das Auskochen der Knochen entsteht eine Art essbarer Leim. Wenn du eine »vegetarische« Süßspeise willst, lässt du die Gelatine weg. Die Mousse wird nicht so fest, schmeckt aber trotzdem wunderbar.

Die richtige Ernährung

» Wenn du immer nur deine Lieblingsspeisen essen würdest, könnte dein Körper bald Mangelerscheinungen haben. Um gesund und munter zu bleiben, solltest du dich ausgewogen ernähren. Das bedeutet, dass du regelmäßig von allem isst: Gemüse, Obst, Fleisch, Lebensmittel aus Getreide, Milchprodukte, und ab und zu auch etwas Süßes. Nur so bekommt dein Körper alle Nährstoffe und Vitamine, die er braucht.

Nahrungs-Nachrichten

» Ein Liter Cola enthält 107 Gramm Zucker. Das entspricht 36 Stück Würfelzucker.

» Der 23-jährige Amerikaner Joey Chestnut kann 59,5 Hot Dogs in zwölf Minuten essen. Ein Rekord, der nicht zur Nachahmung empfohlen wird!

» Schokolade fördert die Bildung von Serotonin, einem Glückshormon. Bananen machen noch glücklicher. Auch sie setzen den Glücksstoff frei, machen aber nicht dick.

» In Südamerika, Asien und Afrika gehören Insekten und Würmer zur Ernährung. Die Krabbeltiere sind reich an Mineralstoffen und Vitaminen, haben aber wenig Fett.

» Beim »Race Across America«, einem 10-tägigen Radrennen quer durch die USA, müssten die Teilnehmer täglich 25 Portionen Spaghetti Bolognese essen, um ihre Energieverluste auszugleichen.

Wieviel Essen ist genug? Das merkst du eigentlich sehr gut, wenn du auf deinen Körper hörst. Und es hängt natürlich davon ab, ob du dich viel oder wenig bewegst. Wichtig ist, dass du morgens, mittags und abends regelmäßig isst. Wenn du wartest, bis du Heißhunger hast, verschlingst du meistens mehr, als gut wäre.

Die Ernährungspyramide

Von welchen Lebensmitteln wir viel und von welchen wir eher wenig essen sollten, wird in der Ernährungspyramide dargestellt. Unten sind die wichtigen, weiter oben die weniger gesunden Nahrungsmittel. Jedes Kästchen steht dabei für eine Portion, jede Portion entspricht in etwa der Handvoll eines Lebensmittels.

© aid infodienst e.V., Idee: Sonja Mannhardt

 Getränke, am besten Wasser, sind das Allerwichtigste! Übrigens: Milch gilt als Lebensmittel und nicht als Getränk!

 Getreide mit Kohlehydraten ist wichtig – vor allem für Menschen, die sich viel bewegen. Wer viel sitzt, sollte eher weniger zu sich nehmen.

 Obst und Gemüse mit Vitaminen und Mineralien können nicht oft genug auf dem Speiseplan stehen.

 Milch und Milchprodukte, Fleisch, Wurst, Fisch oder Ei sollten wir essen, weil diese Lebensmittel viel Eiweiß enthalten.

 Fett in Maßen macht nicht krank und dick. Der Körper braucht es sogar. Es gibt tierische Fette, etwa in Butter und Fleisch, doch gesünder sind pflanzliche Fette und Öle aus Samen, Nüssen oder Oliven. Möglichst meiden solltest du Transfette in Fastfood und Fertiggerichten.

 Süßigkeiten und Knabbereien, aber auch Pommes und Limonade sind die Extraportion bei einer ausgewogenen Ernährung.

Gefüllte Kartoffeltaschen mit Apfelmus

300 g mehlig kochende Kartoffeln
etwas Salz
2 EL Zucker
2 Eier
200 g Mehl
150 g weiche Butter
6 EL Semmelmehl
1 Msp Orangenschale (unbehandelt)
ca. 50 g Zwetschgenmus
oder Konfitüre
etwas Mehl zum Bestäuben
etwas Puderzucker

 Zubereitungszeit: 40 Minuten

Nichts ist unmöglich beim Kochen. Also gibt es hier süße Teigtaschen aus Kartoffeln. Aber du wirst merken: Sie sind richtig knusprig und einfach köstlich. Und dazu gibt es:

Selbstgemachtes Apfelmus

Du brauchst 4 Äpfel (z. B. Boskop), 100 ml Apfelsaft, 50 g Zucker, 1 Zimtstange und 1 Zitrone.

Die Äpfel mit Schale und Kerngehäuse in grobe Würfel schneiden. In einem Topf Apfelsaft, Äpfel, Zucker und Zimtstange aufkochen. Bei geschlossenem Topf alles 15 Minuten dünsten. Zimtstange herausnehmen. Dann die weichen Äpfel durch ein grobes Sieb streichen. Das Apfelmus mit etwas Zitronensaft und Zucker abschmecken.

Kartoffeln schälen und in leicht gesalzenem Wasser weich kochen. Wasser abschütten, auf die warme Herdplatte stellen und ausdampfen lassen. Backofen auf 180 Grad (Umluft: 160 Grad, Gas: Stufe 3) vorheizen. Heiße Kartoffeln durch die Presse drücken. Das Püree mit 1 Prise Salz und Zucker würzen. Eier trennen. Eigelb, Mehl, Butter und Semmelbrösel unter die Kartoffeln mischen. Mit etwas abgeriebener Orangenschale aromatisieren.

Den Kartoffelteig mit dem Nudelholz ausrollen (mit Mehl bestäuben, damit der Teig nicht klebt). Quadrate mit etwa 15 Zentimeter Seitenlänge ausschneiden.

Auf jedes Viereck einen Esslöffel Zwetschgenmus geben, zum Dreieck zusammenklappen und die Ränder gut festdrücken. Mit Eiweiß bestreichen.

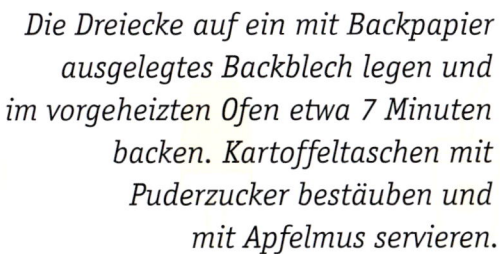

fertig

Die Dreiecke auf ein mit Backpapier ausgelegtes Backblech legen und im vorgeheizten Ofen etwa 7 Minuten backen. Kartoffeltaschen mit Puderzucker bestäuben und mit Apfelmus servieren.

Die Äpfel kochst du mit Schale und Kern. In den Schalen sind die meisten Nährstoffe und Vitamine (aber nur ungespritzte Früchte nehmen!). Die Kerne enthalten das natürliche Bindemittel Pektin. Der Apfelmus wird dadurch sämiger.

Pfannkuchen mit Erdbeermarmelade

Für die Pfannkuchen:

200 g Mehl
350 ml Milch
4 Eier
2 EL flüssige Butter
etwas Salz
etwas Butterschmalz

 Zubereitungszeit: 35 Minuten

Für die Erdbeermarmelade:

1 kg Erdbeeren
500 g Gelierzucker (2:1)
1 ausgekratzte Vanilleschote
1 EL Zitronensaft

Selbst gemachte Marmeladen sind tolle Geschenke! Beim Einkochen ist Sauberkeit sehr wichtig. Nur unbeschädigte Einmachgläser und Deckel heiß ausspülen und umgedreht auf einem frischen Geschirrtuch trocknen. Konfitüre mit Schöpfkelle und Trichter abfüllen. Vorsicht vor heißen Spritzern! Die Gläser randvoll machen und sofort verschließen.

Zum Einkochen nimmst du Gelierzucker. Er besteht aus Kristallzucker, dem pflanzlichen Bindemittel Pektin sowie Zitronen- oder Weinsäure. Bei 1:1 Gelierzucker kommen ein Kilo Früchte auf ein Kilo Zucker. Bei zuckerreduzierten Geliermitteln ist das Verhältnis 2:1 oder sogar 3:1 (drei Kilo Früchte und ein Kilo Zucker). Damit sind Marmeladen allerdings nicht so lange haltbar. Angebrochene Gläser stellst du am besten in den Kühlschrank.

Vincent und die Kochlöffelbande

1

Mehl, Milch, Eier, flüssige Butter und eine Prise Salz gut miteinander verrühren. 10 Minuten ruhen lassen.

2

1 TL Schmalz in einer beschichteten Pfanne erhitzen. Mit der Schöpfkelle den Teig in die Mitte geben. Durch Schwenken in der Pfanne verteilen und bei mäßiger Hitze backen. Der Teig sollte sich leicht vom Pfannenboden lösen.

3

Wenn die Oberfläche nicht mehr flüssig ist, mit dem Pfannenwender umdrehen und auf der anderen Seite fertig backen. Im Ofen auf einer Platte warm halten. Nach und nach aus dem Teig weitere Pfannkuchen ausbacken.

fertig

Die Pfannkuchen mit der Erdbeermarmelade bestreichen und aufrollen.

Marmelade

Erdbeeren waschen, putzen und vierteln. Mit dem Gelierzucker, der Vanille und dem Zitronensaft zum Kochen bringen und etwa 3 bis 4 Minuten kochen. In die heiß ausgespülten Einmachgläser füllen.